AF359969

PREMIER
PUITS ARTÉSIEN

CREUSÉ DANS LE DÉSERT

POÉSIE

PAR

Mlle CLOTILDE JANTET

LYON

IMPRIMERIE D'AIMÉ VINGTRINIER

Quai Saint-Antoine, 36

—

1858

PRÉFACE

—

L'Académie des Lettres de Lyon avait mis
au concours pour prix de poésie :

*Le premier Puits artésien creusé dans le
désert.*

J'avais adressé une pièce de vers dans la-
quelle j'exposais le fait tel qu'il m'a paru être

exprimé dans le rapport du général français.

L'Académie n'ayant formulé aucune appréciation sur mon manuscrit, je le fais imprimer, dans le seul but d'obtenir celle de quelques amis.

RAPPORT DU GÉNÉRAL DESVAUX

—

Le hasard m'avait conduit au sommet d'un mamelon de sable qui domine l'Oasis entière. Vous dire l'impression que me causa la vue de ces lieux est impossible : à ma droite les palmiers verdoyants, la vie en un mot ; à ma gauche la stérilité, la désolation, la mort. Des habitants m'apprirent que ces différences tenaient à ce que les puits du nord avaient été comblés, les eaux parasites empêchaient de creuser de nouveaux puits.

Encore quelques jours et cette population devait se disperser dans le désert et abandonner le cimetière où reposent ses pères !...

Je compris en ce moment les féconds résultats que pouvaient donner, dans cette contrée, les travaux artésiens. Grâce à eux, la vie sera rendue à l'Oasis.

Elle renferme les plus magnifiques espérances.

Le général commandant.

DESVAUX.

RAPPORT DU LIEUTENANT ROSE

—

Tout d'un coup la sonde s'enfonce, elle avait atteint la nappe jaillissante, l'eau débordait. Les cris des habitants annoncèrent l'heureux résultat.

La première surprise passée, je fis réunir les notables de l'Oued' Rir, et je fis prononcer la fatha par Sid-el-Ben-Kebir. Il s'acquitta avec beaucoup de dignité de cette cérémonie.

Aussitôt après la fatha, je m'adressai à l'assemblée, et je m'efforçai de convaincre ceux auxquels les faits mêmes n'avaient pas ouvert les yeux, de la puissance que nous employions à faire du bien à ceux qui nous obéissaient.

J'eus la satisfaction de voir disparaître de leurs figures les efforts de dissimulation, et je me vis entouré cette fois de gens qui bénissaient, sans arrière-pensée, le nom de la France et de ceux qui, en son nom, avaient rendu la vie à leurs jardins, leur unique fortune.

Je fis approcher les hommes du détachement, je leur adressai des remerciements pour les preuves de courage et de dévouement qu'ils avaient montrées dans cette occasion.

ROSE. lieutenant.

PREMIER

PUITS ARTÉSIEN DANS LE DÉSERT

> Dans ces lieux désolés ramener l'abondance,
> Vaincre le fanatisme et faire aimer la France,
> Tel est notre devoir !

PROLOGUE

PERSONNAGES DU PROLOGUE

| LA POÉSIE. | L'HUMANITÉ. |
| L'ILLUSION. | LE PROGRÈS. |

SCÈNE Ire.

La scène représente un agreste paysage.

LA POÉSIE, L'ILLUSION.

LA POÉSIE *écoute avec effroi le sifflement de la vapeur.*

Lui ! toujours lui ! mon Dieu, dans ce lieu solitaire,
Je retrouvais enfin le repos, le mystère ;

J'entendais du printemps l'universelle voix,
J'allais chanter les fleurs, les oiseaux et les bois ;
Le ciel m'apparaissait resplendissant d'étoiles,
La nature infinie écartait ses grands voiles,
Et se montrait à moi sous un aspect divin.
Cet ange des enfers va se montrer ! soudain,
Tout sera transformé, la forêt, vierge encore,
Retentira bientôt sous la hache sonore ;
Le ciel sera voilé par de sombres brouillards ;
Mes oiseaux éperdus fuiront de toutes parts !
Muses, transportez-moi sur des plages lointaines,
Qui n'aient jamais senti les anneaux de ses chaînes;
Découvrez à mes yeux un fortuné séjour,
Qui puisse m'enlever des serres du vautour !

L'ILLUSION.

Voilà le cavalier sinistre
Qui galope parmi les airs;
De Satan il est le ministre,
Ses chaudières sont les enfers (vapeur) !

Sa voix retentit sur la cime,
Elle franchit les sombres mers ;

Elle résonne dans l'abime
Et fait tressaillir l'univers (electricité).

Dans son orbite luit la flamme
De l'œil ardent de Lucifer ;
Au milieu de l'ombre il s'enflamme
Comme le plus rapide éclair (gaz).

Il est vainqueur, seul il domine
Sur la mer, la terre et dans l'air !
Il change tout, il extermine,
C'est un envoyé de l'enfer !

SCÈNE II.

LA POÉSIE, L'ILLUSION, LE PROGRÈS, L'HUMANITÉ.

LE PROGRÈS

Chassez votre effroi, noble fille,
Je suis un envoyé du ciel ;

Dans mes mains, le phare qui brille,
C'est un regard de l'Éternel !

Sans vous, déesse gracieuse,
Triste, je parcours mon chemin :
Vision pure et radieuse,
Aujourd'hui tendez-moi la main !

(La Poésie veut s'éloigner).

L'HUMANITÉ.

Rien ne peut ébranler votre rigueur extrême?
Pour vous, mon noble fils rêve le rang suprême,
Il demande un sourire, il demande un regard,
Et vous le refusez? Vraiment, de votre part,
C'est un étrange orgueil, un fol et vain caprice !
Ne redoutez-vous point ma sévère justice ?

LA POÉSIE.

Avant de m'accuser, Déesse, écoutez-moi :
Votre fils m'épouvante, et me glace d'effroi.
Il traîne sur ses pas le tumulte des villes :

Il dépouille et détruit mes plus charmants asiles !
Houille, charbon, métaux, flamme et noire vapeur ;
Voilà tout son cortége, et ces mots me font peur !

L'HUMANITÉ.

Vous êtes sous le poids d'une folle chimère.
Elle voile à vos yeux la splendide lumière
Qui répand ses bienfaits sur les heureux mortels.
O ma fille, laissez vos regrets éternels.
Votre rêve sans fin ! votre tendre élégie,
Vos doucereux accords sans feu, sans énergie,
Que sont-ils maintenant auprès de ces tableaux ?
Tout est dompté : la terre, et le ciel et les eaux !
Le monde est ébranlé, la matière s'anime,
Le jour a pénétré jusqu'au fond de l'abîme !
Le règne de mon fils est un règne d'amour,
Suivez mes pas, venez dans sa royale cour !

LA POÉSIE.

De la foule et du bruit sa cour est le repaire,
Laissez-moi le repos, les champs et le mystère.

(On entend le bruit de la vapeur).

L'ILLUSION.

Quelle sourde clameur ! quel funèbre concert !

LA POÉSIE.

Ma sœur, ne tardons plus, fuyons dans le désert !

SCENE III.

L'HUMANITÉ, LE PROGRÈS.

L'HUMANITÉ.

Quel pouvoir vous avez, Illusion, vains songes !
Seuls vous la captivez avec tous vos mensonges.
Rien de fort, rien de grand ne germe dans son cœur:
Elle aime le repos, le Progrès lui fait peur ;
Mais, j'aperçois le jour, et, sans que rien l'arrête,
Où de mon digne fils vous serez la conquête :
Vous irez à sa suite, et votre douce voix
Trouvera des accords pour chanter ses exploits.
Mon fils, elle vous fuit ! cette belle volage

S'en va rêver, chanter sur le lointain rivage :
A la France elle fait aujourd'hui ses adieux !

LE PROGRÈS.

Je veux la ramener souveraine en ces lieux.

FIN DU PROLOGUE.

PERSONNAGES DE LA PIÈCE

Un Général français.

Un Lieutenant français.

BEN-KÉBIR, marabout.

BEN-SALEM, taleb.

DANIEL, jeune Arabe.

ISMAEL, jeune Arabe, fiancé de Zémire.

Un Ingénieur français.

Soldats français.

NIÉBUR, jeune arabe.

ZÉMIRE, jeune fille arabe.

Plusieurs Arabes.

(La scène représente l'Oasis stérile de Tamerna).

ACTE PREMIER

SCÈNE Ire

BEN-SALEM, ZÉMIRE, DANIEL.

DANIEL.

Mon père, le travail est bien rude aujourd'hui.
Le hoyau rebondit sur la terre brûlée :
Le grand vent du désert souffle dans la vallée :
L'homme a soif, le raisin ne mûrit pas pour lui !

BEN-SALEM.

Après les ouragans et la chaleur brûlante,
Dieu, mon fils, enverra la brise bienfaisante :
Après des jours de deuil et de rudes travaux,
L'abondance viendra réjouir nos hameaux.

ZÉMIRE.

Mon père, vois, la fleur sur sa tige se penche,
Sa suave étamine et sa corolle blanche

tombent sur le gazon ; déjà l'herbe jaunit,
Tout pleure autour de nous, tout meurt et se flétrit !

BEN-SALEM.

Le Seigneur trouvera, dans ses trésors célestes,
Des eaux et des zéphirs ! les brins d'herbe modestes,
Les fleurs et les palmiers se dresseront soudain,
Sous la fraîche rosée ils brilleront demain.

DANIEL.

Mon père, les oiseaux cachés dans les feuillages
Restent silencieux ! Les chameaux sont sauvages,
Pour se désaltérer ils n'ont plus de ruisseaux !
J'entends crier au loin la brebis, les chevreaux ;
La gazelle nous fuit ! la chamelle amaigrie
Cherche l'ombre, et déjà sa mamelle est tarie ;
Les pleurs et les regrets ont remplacé les chants :
Nous nous verrons forcés d'abandonner ces champs !

BEN-SALEM.

L'oiseau retrouvera sa voix mélodieuse !
Sous les palmiers touffus, à l'ombre de l'yeuse,

Les chèvres brouteront le serpolet, le thym.
Tous viendront prendre part au somptueux festin!
Dieu nous donne la vie et les biens de la vie.
Il répand à pleins bords un nectar d'ambroisie.
Le mal n'est qu'apparent! tous nos maux vont finir,
Espérez et priez ! je viens pour vous bénir !

Les enfants se mettent à genoux, le vieillard les bénit et s'éloigne. Le Taleb est un savant dont le prestige égale celui du Marabout.

SCÈNE II.

DANIEL, ZÉMIRE.

DANIEL.

Il nous parle toujours de bonheur, d'espérance,
Et je ne vois partout que misère et souffrance !

ZÉMIRE.

C'est un homme du ciel, un ami du Seigneur,
Sa bénédiction nous portera bonheur.

DANIEL.

Quel bonheur maintenant pouvons-nous donc at-
tendre ?

Notre Oasis n'est plus, elle est réduite en cendre :
Et peut-être demain, la fuyant sans retour,
Nous irons au désert demander un séjour !
Tous les puits sont comblés, notre source est tarie.

ZÉMIRE, tristement.

Je pleure sur le sort de ma chère patrie.

Deux étrangers paraissent, les jeunes gens les fixent avec curiosité.

SCÈNE III.

DANIEL, ZÉMIRE, UN GÉNÉRAL, UN INGÉNIEUR.

LE GÉNÉRAL.

Regardez ce tableau ! quel contraste étonnant !..
Là-bas les frais jardins, le palmier verdoyant,
Les troupeaux, les moissons, la vie et l'allégresse :
Ici l'aridité, la mort et la détresse.
A quoi cela tient-il ? (s'adressant à Daniel) Habitez-vous
ces lieux ?

DANIEL.

C'est la triste Oasis où dorment mes aïeux !
Autrefois elle était belle, riche, opulente,
Aux voyageurs lassés elle offrait une tente.
L'eau pure, le doux lait, les fruits remplis de miel :
C'était le frais éden des enfants d'Ismaël :
Mais, depuis l'an dernier, notre claire fontaine
Ne fait plus reverdir les coteaux et la plaine.
Il nous restait un puits, il vient d'être comblé.
L'Oasis n'offre plus qu'un séjour désolé !..

LE GÉNÉRAL.

Pourquoi n'avez-vous pas prévenu ce ravage ?
Débarrassé le puits ?

DANIEL.

          Que peut notre courage ?
Les puits sont entourés d'un sol marécageux,
Nous lutterions en vain contre les flots bourbeux !

LE GÉNÉRAL.

Jeune homme, vers ce puits voulez-vous nous con-
                        duire ?

DANIEL.

Volontiers !.. je reviens, attends-moi là, Zémire !..

SCÈNE IV.

ZÉMIRE, seule.

Cette nuit je rêvais !.. J'étais sur des débris,
Je voyais mes dattiers et mes palmiers flétris !
Daniel me disait : Faisons notre prière
Et cherchons au désert un abri tutélaire.
Je pleurais ! j'accusais le ciel de ses rigueurs,
Lorsque devant mes yeux s'offrent deux voyageurs..
Sous leurs pas ils laissaient des traces lumineuses,
Leurs regards étaient doux ! Leurs voix mélodieuses
Modulaient des accords qui m'étaient inconnus !
« Enfants, vous gémissez et nous sommes venus..
« Nous tenons dans nos mains la verge de Moïse,
« Et nous vous donnerons une terre promise :
« Bénissez le Seigneur.. !» Ils disaient, à ces mots,
Ils frappent sur le sol.. L'onde jaillit à flots !..
Enfin je ne dors pas ? ces rêves sont étranges,
Dans ces deux voyageurs j'ai reconnu les anges !

Une voix se fait entendre, Zémire écoute et sourit.

Mes chameaux sont sanglés,
Aux cieux l'étoile brille,
Partons, ô jeune fille,
Fuis ces lieux désolés !

SCÈNE V.

ZÉMIRE ISMAEL.

ISMAEL. Il s'avance respectueusement près de Zemire

Aux plus jolis agneaux qui paissent dans la plaine
J'ai coupé la toison. Regarde cette laine :
Elle est blanche, elle est fine et je viens te l'offrir.
Sur les plus beaux dattiers je suis allé cueillir
Ces fruits remplis de miel et cet épais feuillage :
J'ai grimpé sur les rocs, à la chèvre sauvage
J'ai brisé les jarrets pour prendre ses poils roux !..
Accepte ces présents, va tisser les burnous ;
De la ruche déserte abeille diligente
Prépare dès ce jour l'étoffe de la tente ;
Tresse de forts liens pour mes nombreux chameaux :
Voilà le grand départ, nous quittons ces hameaux.

ZÉMIRE.

Partir ! toujours ce mot ! Tu le redis sans cesse.
Il remplit cependant mon âme de tristesse !

ISMAEL.

Partir ! ce mot pour moi du miel a la douceur,
Il me donne l'espoir d'être ton protecteur.
Si du brillant soleil la flamme est trop ardente
J'aurai pour toi du lait et l'ombre de la tente ;
Si l'ennemi cruel accourt et fond sur nous,
Tu le verras bientôt expirer sous mes coups ;
Et lorsque du désert soufflera la tempête,
Enfant, contre mon cœur tu pencheras la tête !

ZÉMIRE.

Je ne redoute point les périls des déserts ;
Mais de quitter ces lieux j'ai des regrets amers !
J'aimais tant nos jardins ! Te souviens-tu des plantes
Qui couvraient ces berceaux de leurs tiges grim-
pantes ?
Je crois revoir encor mes superbes palmiers,
Mes buissons odorants, mes fertiles dattiers
Qu'arrosait chaque jour une eau fraîche et limpide.

Tout est mort ! Cependant j'aime ce sol aride :
Je l'ai vu le premier à mon premier réveil ;
Mes parents dans son sein dorment du long sommeil!
Ces vieux murs, ces débris que dévore la flamme
Ont des échos profonds qui vibrent dans mon âme !

SCÈNE VI.

ZÉMIRE, ISMAEL, DANIEL.

DANIEL. Il serre la main d'Ismael.

Mon frère, nous aurons un puits dans quelques jours.

ISMAEL.

D'où vous vient, Daniel, cet important secours ?

DANIEL.

Ce sont des étrangers, des enfants de la France
Qui veulent dans ces lieux ramener l'abondance.

ISMAEL.

Ils sont donc parmi vous, ces soldats destructeurs
Qui toujours sur leurs pas apportent les malheurs?

DANIEL.

Mon frère, quels malheurs pourraient sur nous descendre ?

Nous ne craignons plus rien, et tu dois le compren-
dre.
Errants, maudits, perdus au milieu du désert,
Nous subirons bientôt tous les maux de l'enfer !

ISMAEL.

Frère, crois-moi, ces maux l'Arabe les supporte,
L'espérance, l'amour, l'amitié les emporte ;
Sur les flots sablonneux lorsqu'on dort haletant,
On rêve du ruisseau, du palmier verdoyant ;
On voit courir la chèvre et bondir les gazelles ;
On lisse le poil roux de ses douces chamelles.
Être libre c'est tout ! La fière liberté
Chasse devant ses pas la sombre vérité !
Mais devoir son salut à l'oppresseur, au traître,
Auprès de ses tombeaux voir promener un maître,
Jamais ! plutôt la mort !...

DANIEL.

Ils apportent la paix
Et viennent, disent-ils, nous offrir leurs bienfaits.

ISMAEL.

Ils sont fins et rusés ! Leur parole onctueuse
Comme un subtil poison est toujours dangereuse !

Malheur à qui l'écoute, elle calme, elle endort :
Mais au lieu du sommeil elle donne la mort.

DANIEL.

Ils avancent vers nous. Évitons leur présence.

ISMAEL.

Mon cœur à leur aspect médite la vengeance !...

(Ils s'éloignent).

SCÈNE VII.

UN GÉNÉRAL, UN INGÉNIEUR.

LE GÉNÉRAL.

Quel merveilleux projet ! Quel succès éclatant !
Faire glisser les flots sur ce sable brûlant ;
En fertile terrain changer cette poussière ;
Rendre les biens, la vie à l'oasis entière :
Nous montrer en ces lieux comme des bienfaiteurs,
N'est-ce pas un moyen de gagner tous les cœurs ?
Remportez promptement cette grande victoire,
Elle ceindra vos fronts des palmes de la gloire :
Car la gloire aujourd'hui n'est plus dans les combats,
La paix et le progrès arment seuls notre bras.

Avec ces deux soutiens répandre l'abondance,
Vaincre le fanatisme et faire aimer la France
Tel est notre devoir !

L'INGÉNIEUR.

Le succès est certain ;
Nous changerons ce sol en fertile jardin.
Je crois entendre l'eau qui s'agite, qui gronde,
Je la vois s'élancer de la fosse profonde,
Ce succès me ravit.

LE GÉNÉRAL.

J'admire votre ardeur,
Tout vous est confié, devenez le vainqueur.

INTERMÈDE.

L'oasis est représentée dans sa plus grande stérilité.

LA POÉSIE, L'ILLUSION.

LA POÉSIE.

Quelle est cette vallée
Par le soleil brûlée ?

Elle n'offre aux regards
Que des lambeaux épars !

C'est le funeste empire
D'un génie infernal,
Tout tombe, tout expire
Sous son sceptre fatal !

SCÈNE II.

LA POÉSIE, L'ILLUSION, LA MORT.

LA MORT.

La tombe est ma demeure,
Je m'appelle la Mort !
Je souris quand on pleure,
Je veille quand on dort !

Partout on voit les traces
De mes piéges brûlants ;
J'anéantis les races
Des plus fiers conquérants !

Ce qui contient la vie
Vient tomber sous ma faux !

A mes jeux je convie
Les monstres du chaos !

(La Poésie veut fuir, la Mort la retient).

Un instant ! je t'enchaîne
Dans ce brûlant séjour :
Je vais ouvrir l'arène
De ma livide cour !

SCÈNE III.

LA POÉSIE, L'ILLUSION, LA MORT, LA
MISÈRE, LA DOULEUR, LE DÉSES-
POIR.

LA MISÈRE.

Je creuse les entrailles,
Je dessèche les os !

LA DOULEUR.

J'aime les funérailles,
Je peuple les tombeaux !

LA PEUR.

Mon haleine glacée,
Dans un séjour d'horreur,
Enchaîne la pensée !

LE DÉSESPOIR.

Je dévore le cœur !

TROIS ENFANTS ARABES.

1er ENFANT.

Comme le jeune agneau qui cherche sa pâture,
Et ne trouve ni lait, ni ruisseaux, ni verdure,
Nous gémissons, Seigneur !

2e ENFANT.

Comme un jeune chevreuil qui crie en vain sa mère,
Et qui voit du vautour apparaître la serre,
Nous gémissons, Seigneur !

3e ENFANT.

Comme un jeune palmier que frappe la tempête,
Nous plions nos genoux et nous courbons la tête !
Pitié pour nous, Seigneur !

(La Mort s'approche d'eux).

TROIS JEUNES FILLES ARABES.

1re JEUNE FILLE.

La gazelle qui court sur la plage stérile,

Sans trouver le ruisseau, sans trouver un asile,
Jette un cri de douleur !

2e JEUNE FILLE.

Quand les puits sont comblés, quand la source est
tarie,
La branche se raidit et la feuille est flétrie !
Hélas ! c'en est fait de la fleur !

3e JEUNE FILLE.

Au milieu du désert, la riante fontaine
Que le sable envahit, que le simoun entraîne,
Est moins sombre que notre cœur !

(La Mort s'approche d'elles).

UN JEUNE HOMME.

Comme les forts chameaux haletants sur le sable,
Nous jetons vers le ciel notre cri lamentable,
Pitié pour nous, Seigneur !

UN VIEILLARD.

Brisez entre vos mains les traits de la vengeance,
Rendez-nous le bonheur, rendez-nous l'espérance,
Grâce ! grâce ! Seigneur !

Au moment où la Mort va entraîner les victimes, deux bons génies paraissent
— La Mort et son cortége prennent la fuite

LA POÉSIE, *vivement.*

Fuyez, n'approchez pas! cette terre est fatale.
Le souffle d'un démon de son foyer s'exhale.

1er GÉNIE.

Qu'importe le démon, son cortége et ses feux?
Le Seigneur nous envoie où sont les malheureux!
Nous éloignons la Mort! la Douleur! la Misère,
Et nous aurons bientôt régénéré la terre!

Aux Arabes.

Nous venons réclamer votre hospitalité...

LA POÉSIE.

Votre nom?

1er GÉNIE.

Le Progrès?

2e GÉNIE.

Et moi, l'Humanité.

ACTE II.

La scène représente une campagne stérile, éclairée par les astres de la nuit.

SCÈNE I.

NIÉBUR, ISMAEL, DANIEL,

nombreux Arabes.

NIÉBUR.

J'ai vu Sid-Ali Bey, je voulais dans son cœur
Exciter le mépris contre le fier vainqueur.
Je voulais qu'il chassât cette vile cohorte
Qui se montre aujourd'hui jusques à notre porte.
Souvenir du passé ! craintes pour l'avenir,
Rien n'a pu le convaincre et le faire fléchir.
Nous allons voir, dit-il, l'oasis arrosée,
Car il croit au succès ! cette seule pensée
Le transporte ! il m'a fait les tableaux ravissants
Des bienfaits apportés par ces vils conquérants !..

A ces lâches discours je bondissais de haine...
Je croyais sur mes bras sentir la lourde chaîne
Que ces maîtres nouveaux tiennent entre leurs mains
J'ai fui la rage au cœur ! Remplissons nos destins .
Que nos terres toujours soient tristes et stériles,
Mais ne souffrons jamais que nos sacrés asiles,
Que les tombeaux chéris où dorment nos aïeux,
Résonnent sous les pas de tyrans odieux :
Préférons le désert, le prophète nous crie :
Vengez vos frères morts, vengez votre patrie !

LES ARABES

Préférons le désert ! le prophète nous crie :
Vengez vos frères morts, vengez votre patrie !

SCÈNE II.

NIÉBUR, ISMAEL, DANIEL,
Arabes, BEN-SALEM.

BEN-SALEM.

Quel projet vous rassemble ? enfants, il est bien tard !

NIÉBUR.

Mon père, nous allons de tout te faire part :
De fiers aventuriers, des hordes étrangères,

Pour la première fois ont campé sur nos terres,
Le scherick s'est laissé tromper par leurs discours,
Il les reçoit chez lui, leur promet des secours :
Nous voulons les chasser !

BEN-SALEM.

Pourquoi cette vengeance ?

ISMAEL.

Ces soldats sont français, nous détestons la France.
Des Arabes ils sont les mortels ennemis,
Si nous les écoutons nous serons asservis !..

BEN-SALEM.

Les temps sont bien changés.. Les combats, les
                                        conquêtes
Se transforment partout en pacifiques fêtes :
L'Afrique voit son sol se couvrir de trésors,
Le bonheur des vivants va consoler les morts.

NIÉBUR.

Des fêtes ! des bienfaits ! ô mon père, qu'entends-je ?
Ce langage m'étonne, il me paraît étrange ?..
Quoi ! vous encouragez ces maîtres odieux ?
Fils du grand Mahomet, vous souffrez qu'en ces lieux
Le croissant disparaisse et qu'une autre bannière

Vienne jeter son ombre au pied du sanctuaire
Où nous allons prier? O mon père, pourquoi
Veux-tu que tes enfants ne trouvent plus en toi
Cette antique ferveur qui remplissait ton âme?
Notre jour est venu, montre-nous cette flamme
Qui guidait autrefois les saintes légions.
Il faut que ton courroux nous transforme en lions
Pour frapper, pour chasser ce troupeau qui nous
                                        brave.

Le fils du grand désert ne sera point esclave.
Nous fuirons, s'il le faut, nous quitterons ces
                                        champs,
Mais, avant de partir, expulsons les tyrans..

BEN-SALEM.

Je blâme vos desseins. Ces enfants de la France,
Ce sont des messagers de paix et d'espérance.
A côté du croissant s'ils arborent la croix,
Du Dieu de Mahomet ils respectent les lois.
A l'aspect de ces lieux, de cette terre ardente,
Ils ont rêvé pour vous une onde bienfaisante :
Ils vous offrent la paix, ils viennent vous servir,
Vous armeriez vos bras pour frapper et punir?
C'est alors qu'irrité de votre ingratitude,
Le Seigneur étendrait sur vous la servitude.

Vous verriez à l'instant de valeureux soldats
Accourir par milliers pour livrer les combats !
Malheur ! Trois fois malheur si cette sourde haine
Contre ces étrangers vous pousse et vous entraine :
Les tribus d'alentour subiront votre exil.
Au nom de vos aïeux évitez ce péril !

(D'un air inspiré).

Je crois ouïr la voix de notre grand prophète !
Elle nous dit : Allez, que la tribu s'apprête
A louer le Seigneur ! D'un regard plein d'amour
Il a daigné fixer votre triste séjour :
Il dirige vers vous un chef, nouveau Moïse !
Et bientôt vous verrez une terre promise !
Écoutez cette voix qui, pour vous, vient des cieux !

LES ARABES.

Nous suivrons tes conseils.

BEN-SALEM.

Venez, quittez ces lieux.

(Les Arabes le suivent).

SCÈNE III.

NIÉBUR, ISMAEL, DANIEL.

NIÉBUR.

Nous restons seuls ici ! ce vieillard les abuse :
Il se sert tour à tour de la peur, de la ruse ;
Il trahit son pays, il nous livre, il nous perd !
Je n'ai plus qu'un espoir : Je t'invoque, ô désert !
Fais souffler l'ouragan ! sous ses puissantes ailes,
Qu'il apporte la Mort à tous ces infidèles !
O sol de mon pays, tes flancs vont s'entr'ouvrir,
Referme les soudain pour tous les engloutir !

ISMAEL.

Je n'attends de secours que de ma forte lance !..
Venez, nous trouverons une prompte vengeance.

(Ils s'éloignent).

SCÈNE IV.

Insensiblement le jour disparaît. On découvre le mamelon de sable aux pieds duquel le puits artésien va être creusé.

La musique militaire se fait entendre. Les soldats français arrivent commandés par un lieutenant ; un ingénieur est à leur tête.

UN INGÉNIEUR, UN LIEUTENANT, SOL-

DATS FRANÇAIS.

L'INGÉNIEUR.

Pour livrer le combat nous voilà réunis !
Qu'allons-nous affronter ? Quels sont les ennemis ?
Je vais vous dévoiler tout mon champ de bataille :
L'ennemi ? le voilà (Il frappe le sol). Voilà notre mitraille
(Il montre les outils).
Frapper ce sol ardent, le creuser, l'entr'ouvrir,
Donner passage aux flots et les faire jaillir,
Dans ces arides lieux ramener l'abondance,
Tel est le noble but de ce travail immense !
Quelle gloire pour nous ! Quel merveilleux succès !
Les Arabes surpris béniront les Français.
Au lieu de voir en nous la race violente,
Qui jette sur ses pas le deuil et l'épouvante,
Ils viendront nous offrir un bienveillant accueil,
Et du grand Sahara nous franchirons le seuil.
La France, par ma voix, vous dit : Enfants, courage !
Glorieux travailleurs, mettez-vous à l'ouvrage !
Du progrès arborons les magiques drapeaux,
Sous l'auspice du ciel commençons nos travaux !

(Les soldats s'emparent des outils, puis ils disparaissent derrière le
mamelon de sable).
(On entend le bruit que font les travailleurs).

1er SOLDAT. Il arrive sur la scène

J'aimerais mieux lancer les balles ou la flèche :
Monter le rude assaut et mourir sur la brèche.

2e SOLDAT.

Auprès de ce travail que sont tous les combats !
C'est le feu sur la tête et le feu sous les pas !

3e SOLDAT.

Je crois que nous creusons aujourd'hui notre tombe.

4e SOLDAT.

J'aimerais mieux braver le Cosaque et sa bombe !

5e SOLDAT.

Où nous faut-il descendre ? A quelle profondeur ?

6e SOLDAT.

Environ trois cents pieds !

7e SOLDAT.

Quel terrible labeur !

LE LIEUTENANT. Il chante.

De nos sueurs couvrons la terre,
Bientôt ce champ reverdira !

Bravons les feux et la poussière
Du Sahara !

France ! on dit que souvent ton oreille attentive
Écoute tous les bruits qui partent de ces lieux.
Le fait le plus obscur te charme et te captive,
Sur l'immense désert tu viens jeter les yeux !

Tu veux, ô je le sais, superbe souveraine,
Cueillir le plus doux miel, les parfums, les fruits
d'or :
Tu veux que le désert devienne ton domaine,
Et que tes bataillons prennent un noble essor !

France, nous comprenons ta mission sacrée !
Nous porterons partout tes radieux flambeaux.
Avec ton souvenir, ô patrie adorée,
Nous vaincrons le désert, les feux et le chaos !

De nos sueurs couvrons la terre !
Bientôt ce champ reverdira.
Soldats, la France est notre mère !
Et la France nous bénira !

L'INGÉNIEUR au lieutenant.

Jeune homme, c'est ainsi que le fils de la France

Doit combattre gaîment et braver la souffrance !
Chantez, bons travailleurs, que votre grand concert
S'en aille réveiller les échos du désert !

REFRAIN DES SOLDATS.

De nos sueurs couvrons la terre.
Bientôt ce champ reverdira,
Soldats, la France est notre mère,
Et la France nous bénira !

(Les soldats s'éloignent et vont reprendre leur travail)

ACTE III.

La scène représente un lieu couvert de pierres sépulcrales

SCENE I.

TROIS JEUNES FILLES.

1re JEUNE FILLE.

Ils nous ont dit : Demain, vous verrez la fontaine
Dont les flots argentés glisseront dans la plaine !

2e JEUNE FILLE.

Ils nous ont dit : Demain de limpides ruisseaux
Iront en serpentant réjouir les hameaux !

3e JEUNE FILLE.

Ils nous ont dit : Demain, de la fosse profonde
En flocons écumeux vous verrez jaillir l'onde !

1re JEUNE FILLE.

Demain, mes jeunes sœurs, nos maux seront finis !

De ceux qui sont venus que les noms soient bénis !

(Elle se met à genoux sur une pierre).

O ma tombe sacrée
Où ma mère adorée
Dort depuis l'an dernier,
Quand reviendra l'aurore,
Tu pourras voir encore
Reverdir le palmier !

2e JEUNE FILLE.

J'apporterai la branche
Qui, flexible, se penche
Sous le feuillage épais !
Réjouis-toi, ma tombe,
Tu verras la colombe
Nicher dans tes cyprès !

3e JEUNE FILLE.

Tombe où s'est endormie
Ma jeune et belle amie,
Tu recevras mes pleurs !
J'aurai pour mes offrandes
Les suaves guirlandes
Des plus brillantes fleurs

LES TROIS JEUNES FILLES

Ombres trois fois aimées,
Nos urnes embaumées
Brûleront près de vous !
Sur vos modestes pierres,
Nous dirons nos prières,
Vous veillerez sur nous !

(Elles essuyent leurs larmes et s'éloignent.)

TROIS JEUNES HOMMES.

1er JEUNE HOMME.

Ils sont braves et forts comme des lionceaux !

2e JEUNE HOMME.

Ils sont doux, patients comme nos bons chameaux !

3e JEUNE HOMME.

Ils sont plus diligents que la chèvre sauvage :
Ils atteindront demain le souterrain rivage !

1er JEUNE HOMME.

Pour eux allons couper des branches de palmier !

2e JEUNE HOMME.

Allons cueillir pour eux les doux fruits du datier.

SCÈNE III.

LES TROIS JEUNES HOMMES, NIEBUR, ISMAEL, DANIEL.

NIEBUR.

Lâches et faux amis, l'étranger vous enchaîne.

1er JEUNE HOMME.

Mon frère, il en est temps, chasse aujourd'hui ta
haine.
Reconnais le pouvoir des hommes généreux
Qui viennent apporter leurs bienfaits en ces lieux.

NIEBUR.

Je méprise leurs dons, leur pouvoir, leur promesse!
Je compare leur paix à la jeune tigresse
Qui tient entre sa griffe un chevreuil imprudent!
Elle flatte sa proie, et soudain se dressant,
Son œil brille et sa gueule avide et rugissante
Met en mille morceaux la victime innocente!...

2e JEUNE HOMME.

Qui te donne le droit de les traiter ainsi?

ISMAEL.

Pour l'Arabe ils n'ont eu ni pitié ni merci !

NIEBUR.

N'ont-ils pas sur l'Afrique étendu le ravage ?
Porté partout la mort, le deuil et l'esclavage ?

3e JEUNE HOMME.

Je n'aperçois ici que leurs nobles bienfaits !

NIEBUR.

Et moi, je n'aperçois que leurs lâches forfaits !
Ecoute : ils ont un jour entassé les victimes
Sous le creux d'un rocher ! Dans ces noires abîmes
Ils ont soufflé les feux et fait entrer la mort !
De l'Emir arrêtant le large et fier essor,
Ils ont habilement brisé ses fortes ailes,
Arraché son poil fauve et brûlé ses prunelles !
Enfermé dans leurs murs, l'aigle de nos climats
Du pays sans soleil a senti les frimats !
Depuis lors ces tyrans étendent leur empire,
Sans qu'on puisse un seul jour cesser de les maudire.

1er JEUNE HOMME.

Les maudire? jamais ! Nous voyons de nos yeux,
Ils sont nos bienfaiteurs, tout nous parle pour eux.

2e JEUNE HOMME.

Ceux qui veulent porter la mort et l'esclavage
Ont-ils tant de vertus et ce mâle courage ?
Pendant quarante jours, méprisant le danger,
Dans le sable brûlant je les ai vus plonger !

3e JEUNE HOMME.

Ils ont vaincu le mal, soumettons-nous, mon frère !

NIEBUR.

Que sur vous du Seigneur descende la colère !

(Niebur, Ismael, Daniel s'éloignent).

1er JEUNE HOMME.

Que sur vous du Seigneur descende la clarté,
Qu'elle montre à vos yeux la seule vérité !

(Les trois jeunes gens s'éloignent).

ACTE V.

BEN KEBIR.

Louons Dieu ! De lui seul relève la victoire :
A lui seul appartient la puissance et la gloire !

(s'adressant aux Français).

Vous êtes, ô Français, de nobles bienfaiteurs !

(S'adressant aux Arabes).

Soyez à votre tour leur zélés protecteurs !

(Fixant le ciel).

Ombres de nos aïeux, bénissez l'alliance
Des enfants du Prophète et de ceux de la France !

(Il récite les versets du Coran. Les Arabes se prosternent. Un groupe seul reste immobile ; a la tête de ce groupe on distingue Niebur. Ismael

LE LIEUTENANT.

La victoire aujourd'hui couronne nos travaux,
Nous avons terrassé d'invincibles fléaux !
Nous pourrions, empruntant la ruse et le prestige,
Vous montrer ce succès comme un nouveau prodige,
Vous parler de miracle et jeter dans vos cœurs
L'effroi mystérieux et de vaines terreurs !
Nous laissons ces moyens pour le tyran perfide,
La seule vérité doit nous servir de guide.
Vous avez vu d'où vient notre étonnant pouvoir,
Il n'a que deux appuis : sciences et devoir !
La science ! avec elle on soumet la matière,
Au milieu du chaos on jette la lumière,
Rien ne peut résister à son constant effort !
Le devoir ! Avec lui l'homme affronte la mort.

Comme nous vous pouvez acquérir la science ;
Vous pouvez, comme nous, combattre la souffrance.
Nous sommes l'envoyé, le zélé professeur
Qui vient vous enseigner à trouver le bonheur...
Pour ses sages leçons il faut un prix au maître,
Et le prix qu'il nous faut vous allez le connaître :
Autour de nos drapeaux l'ennemi rallié
Doit devenir pour nous un fidèle allié ;

Nous voulons le respect ! l'amour ! l'obéissance !
Mais si nous rencontrons la haine, la vengeance,
Au barbare imprudent nous offrons les combats ;
Nous semons le ravage et la mort sous nos pas !
Sang pour sang ! œil pour œil ! telle est notre devise,
Nous suivons en ce point la loi du grand Moïse !
Et si notre pouvoir s'étend à protéger,
Il est plus grand encor lorsqu'il faut nous venger.
D'une main nous tenons la corne d'abondance,
Et de l'autre l'éclair, et la foudre, et la lance.
Choisissez aujourd'hui !...

(S'approchant de Niebur).   Je connais ta fierté,
Ton cœur est noble, il faut que ton cœur soit dompté.
Fils du sombre désert nous t'offrons une trève :
Veux-tu notre amitié ? Veux-tu briser ton glaive ?
Compte sur ma parole, elle vaut une loi !

(Il tend la main à Niebur).

NIEBUR.

Tu sais me captiver !

ISMAEL.

Je suis vaincu par toi !

(Le groupe s'avance et se prosterne. Les assistants poussent des cris de joie)

BEN KEBIR.

La vengeance est le fruit qui produit la souffrance !
Dieu maudit le mortel qui sème la vengeance :
Mais il bénit celui qui la brise et la perd :
Il fait croître pour lui des palmiers au désert !

LE LIEUTENANT à Niebur

Pour ton pays, pour toi, ne crains point l'esclavage,
Le bonheur et la paix seront votre partage.

(S'adressant aux Français).

Soyez fiers aujourd'hui, glorieux travailleurs,
Vous recevez le prix de vos rudes labeurs ;
Vous avez dans ces lieux ramené l'abondance,
Vaincu le fanatisme et fait aimer la France.
Fidèles campagnons, la France, par ma voix,
Proclame vos vertus et vos nouveaux exploits,
A ses fils africains elle donne un sourire.

Pour elle du désert nous gagnerons l'empire !

ÉPILOGUE.

SCÈNE I.

LA POÉSIE, L'ILLUSION.

LA POÉSIE.

Je vois ici l'image
D'un céleste séjour.
N'est-ce point un mirage
Qui fuira sans retour ?

(La Vérité paraît.

LA VÉRITÉ.

C'est le charmant empire
D'un esprit créateur,
Tout sourit, tout respire
Sous son sceptre vainqueur.

Lui seul peut accomplir le fantastique rêve :
Il est fort et puissant comme autrefois les Dieux,
Il sonde le chaos, dans le ciel il s'élève,
Et la réalité devient le merveilleux !

Hier ces champs étaient stériles,
Le soleil les avait flétris ;
On n'y voyait que des reptiles
Au milieu des brûlants débris !

C'était le funeste repaire
Des plus grands monstres du désert :
La mort, les regrets, la misère
Y formaient un affreux concert !

Mais aujourd'hui l'onde murmure,
Elle ramène les beaux jours ;
Et tu vois la belle nature
Étaler ses divins atours !

(De joyeux habitants paraissent au fond de la scène).

LA VÉRITÉ.

O vous qui retrouvez enfin votre patrie,
Venez dire vos chants à ma fille chérie.

SCÉNE II.

LA POÉSIE, L'ILLUSION, LA VÉRITÉ,
UN ENFANT, UNE JEUNE FILLE, UN
JEUNE HOMME UN VIEILLARD.

LA POÉSIE.

Ah ! je la reconnais ! quel changement soudain !

LA VÉRITÉ.

L'Humanité, ma fille, a changé leur destin !

L'ENFANT.

Le joli papillon qui déroule ses ailes,
Et s'en va voltiger sur mille fleurs nouvelles,
   Comme nous bénit le Seigneur !

LA JEUNE FILLE.

Au milieu du jardin, la fleur suave et blanche,
Qui pour mirer son front sur le ruisseau se penche,
   Comme nous bénit le Seigneur !

LE JEUNE HOMME

Le vigoureux chameau qui trouve en son voyage

Une claire fontaine, une riante plage,
Comme nous bénit le Seigneur !

LE VIEILLARD.

Vous brisez à jamais les traits de la vengeance,
Vous nous avez rendu le bonheur, l'espérance !
Nous vous glorifions, Seigneur !

(La Vérité et les Arabes s'éloignent aux sons d'une harmonie lointaine).

LA POÉSIE.

Toi qui répands ici le bonheur, l'harmonie
Viens te montrer à moi, je t'invoque, ô génie !

SCÈNE III.

LA POÉSIE, L'ILLUSION, L'HUMANITÉ.

L'HUMANITÉ.

J'accours à votre voix !

LA POÉSIE.

l'Humanité ? grands Dieux !

L'HUMANITÉ.

Je précède mon fils, il se rend à vos vœux.

Voilà le messager rapide
Qui voyage parmi les airs,
La main de l'Éternel le guide
Jusqu'au fond des sombres déserts !
Sa forte voix, douce et sonore,
Redit d'harmonieux concerts ;
Dans son regard brille l'aurore
Qui doit éclairer l'univers !

SCÈNE III.

LA POÉSIE, L'ILLUSION, L'HUMANITÉ, LE PROGRÈS.

LE PROGRÈS.

Reconnaissez-moi, noble fille,
Je suis un envoyé du ciel ;
Dans mes mains le phare qui brille,
C'est un regard de l'Éternel !

Sans vous, déesse gracieuse,
Triste, je parcours mon chemin,
Vision pure et radieuse,
Aujourd'hui, tendez-moi la main.

LA POÉSIE.

La nature sourit ! ta présence m'enchante
Je suivrai désormais ta marche triomphante,
          Progrès, viens m'inspirer !

L'HUMANITÉ.

          Enfants, je vous unis !
Remplissez vos destins, allez, soyez bénis !

Nature ! Humanité ! Progrès et Poésie,
          Tout s'enchaîne ici-bas,
Et l'on voit tour à tour le bonheur, l'harmonie
          Éclore sous leurs pas.

FIN.